CIENCIA ABIERTA

Las mujeres en la ingeniería

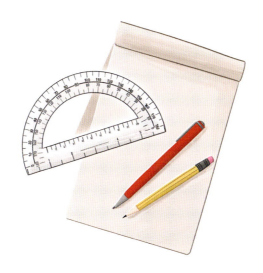

Escrito por Mary Wissinger
Ilustrado por Danielle Pioli

Science, Naturally!
Un sello de Platypus Media, LLC
Washington, D.C.

¿Quién construye los puentes?

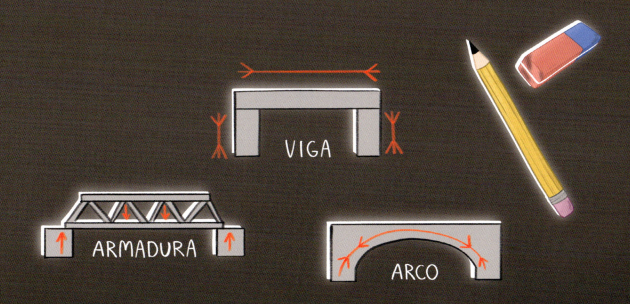

Construir un puente es como hacer malabarismos. Requiere de muchas personas, gran cantidad de equipos y un ingeniero talentoso que haga funcionar todo.

Puente de Brooklyn
Terminado en 1883

Emily Warren Roebling no se propuso ser ingeniera. Vivió en una época en que no se veía con buenos ojos que las mujeres expresaran sus opiniones ni que tuvieran una carrera. Emily hizo ambas cosas cuando ayudó a construir el puente de Brooklyn. No fue fácil. El puente colgante medía más de una milla de longitud, lo que lo convirtió en el puente colgante más largo del mundo en su época.

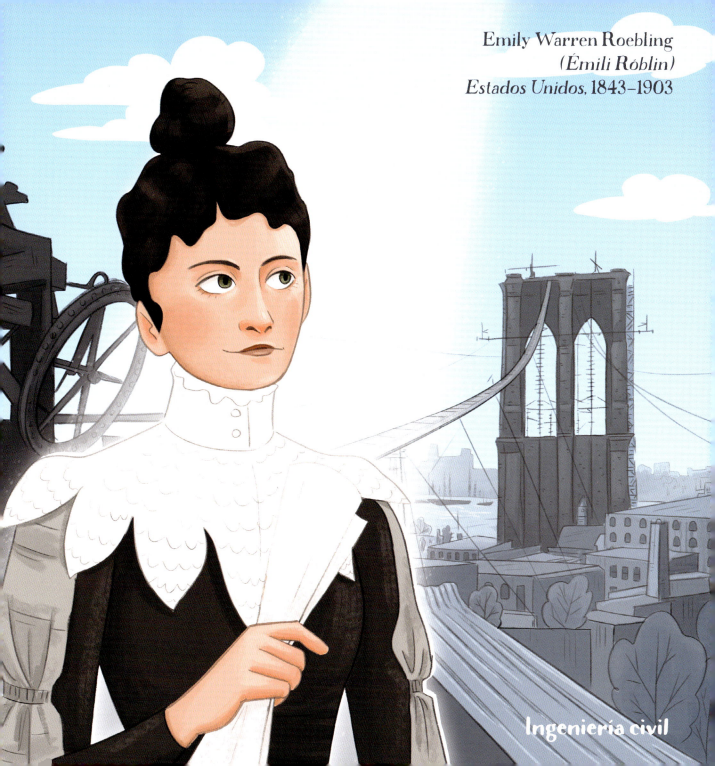

Emily asumió el papel de ingeniera jefa en lugar de su esposo, al que una enfermedad le impedía hacer el trabajo. Ella supervisó la construcción por más de diez años, desde lidiar con los obreros hasta coordinar suministros.

Se vestía con falda y enaguas porque en esa época a las mujeres no se les permitía usar pantalones. El trabajo de construcción puede ser peligroso, especialmente sin la ropa adecuada, pero eso no le impidió visitar la obra.

Cuando Emily y su equipo de obreros terminaron el puente, ella lo recorrió en un carruaje. Llevaba un gallo como símbolo de la victoria para celebrar su éxito. El trabajo de ingeniería de Emily aún tiene relevancia hoy en día. Cientos de miles de personas cruzan el puente de Brooklyn cada semana.

¿Qué es la ingeniería?

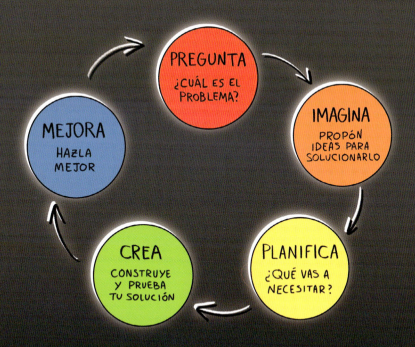

En el fondo, la ingeniería consiste en solucionar problemas.

Para conseguirlo, los ingenieros usan la ciencia, la matemática, el diseño, el pensamiento creativo y la persistencia. Los ingenieros llevan a cabo diferentes tipos de trabajo, desde construir puentes hasta solucionar problemas de salud. También crean y mejoran las cosas que utilizamos a diario.

¿Cosas que utilizamos a diario?
¿Cómo qué?

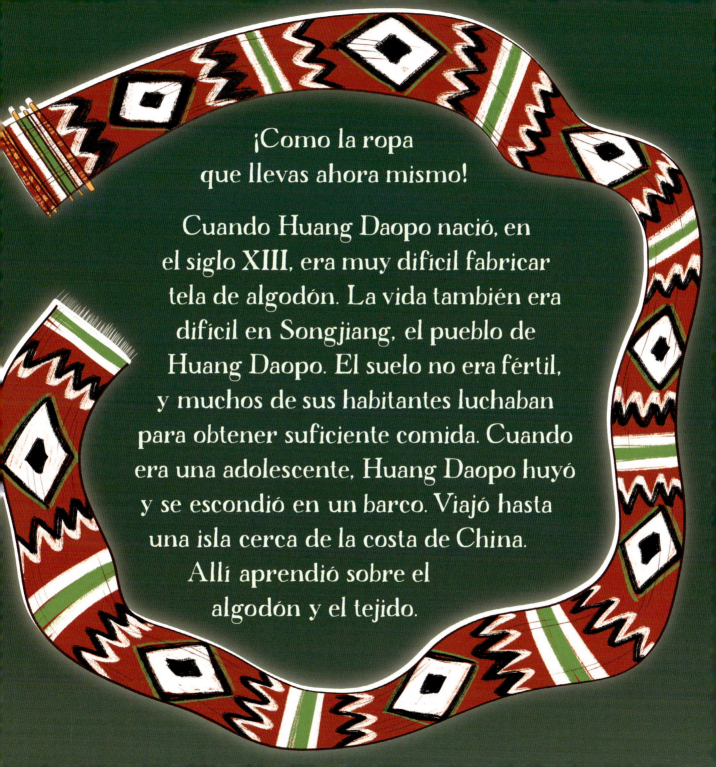

¡Como la ropa que llevas ahora mismo!

Cuando Huang Daopo nació, en el siglo XIII, era muy difícil fabricar tela de algodón. La vida también era difícil en Songjiang, el pueblo de Huang Daopo. El suelo no era fértil, y muchos de sus habitantes luchaban para obtener suficiente comida. Cuando era una adolescente, Huang Daopo huyó y se escondió en un barco. Viajó hasta una isla cerca de la costa de China. Allí aprendió sobre el algodón y el tejido.

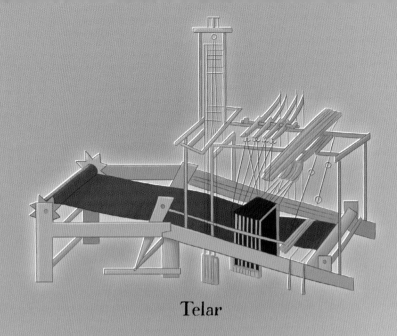

Telar

Cuando, ya adulta, Huang Daopo regresó a Songjiang, usó su conocimiento para ayudar al pueblo. Creó una máquina para limpiar rápidamente el algodón sin procesar y construyó una rueca que podía hilar varios hilos a la vez. Inventó estas máquinas revolucionarias 500 años antes de que a otra persona se le ocurriera hacerlas.

Su pueblo empezó a ser conocido por sus hermosas telas de algodón, colchas y colchones. Las invenciones de Huang Daopo le brindaron trabajo y seguridad económica a mucha gente.

Entonces, ¿los ingenieros son inventores?

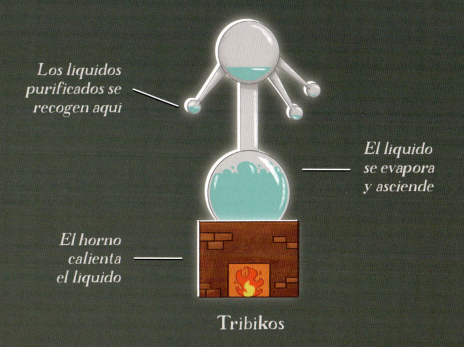

Los liquidos purificados se recogen aquí

El liquido se evapora y asciende

El horno calienta el liquido

Tribikos

Los ingenieros han estado inventando por miles de años.

María la Profetisa vivió en Egipto hace casi 2000 años, y le encantaba experimentar con metales, líquidos y equipos de laboratorio. Pero los instrumentos de esa época no estaban al nivel de sus fabulosas ideas, así que María inventó algunos instrumentos, como el tribikos. Sus invenciones fueron importantes para la alquimia, un estudio primitivo del mundo natural que precedió a la química moderna.

La invención más famosa de María aún se usa hoy en día: el baño de agua caliente. Esta tecnología permite a los científicos llevar a cabo experimentos, ayuda a las fábricas a producir alimentos y también se utiliza en las plantas de aguas residuales.

La gente utiliza los baños de agua caliente en casa para ablandar la cera para hacer velas, derretir chocolate para preparar postres, y cocinar cosas lentamente, como los deliciosos flanes. A este invento incluso se le llama "baño de María".

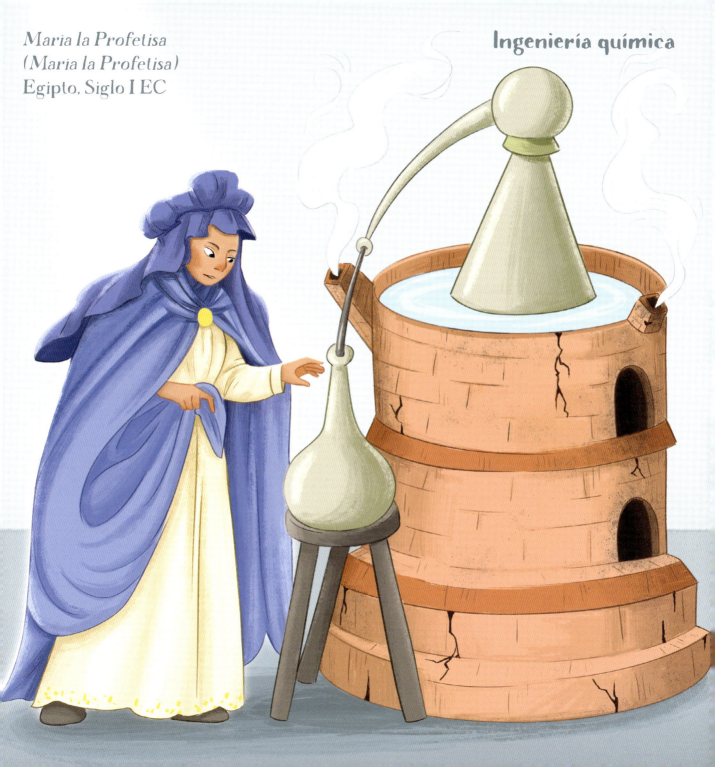

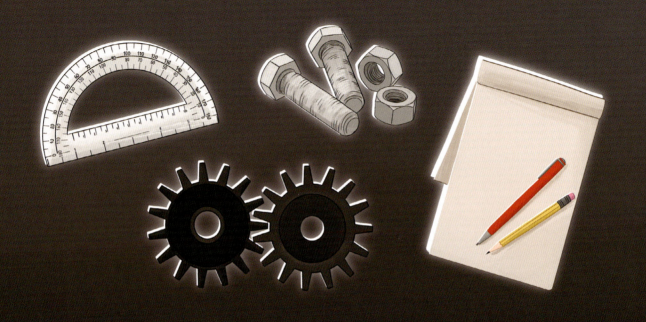

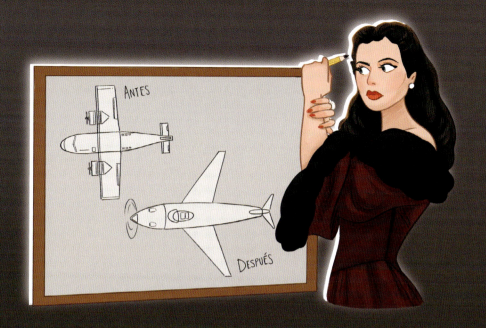

Los ingenieros piensan creativamente.

Cuando la estrella de cine Hedy Lamarr no estaba filmando películas, trabajaba en proyectos en su laboratorio. Tenía montones de ideas para inventos y experimentos, como tabletas que convirtieran el agua en soda. Hedy también creó diseños para un avión más aerodinámico, basado en la forma lisa de los rápidos pájaros y peces. Incluso tenía un pequeño laboratorio en su tráiler durante las filmaciones para poder trabajar en los descansos entre una escena y otra.

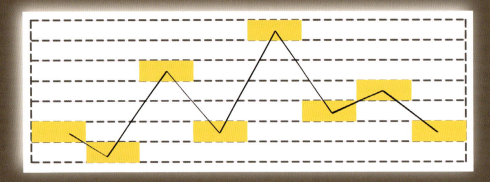

Salto de frecuencia

Entonces, durante la Segunda Guerra Mundial, Hedy se enteró de que el enemigo bloqueaba importantes mensajes de radio. No pasó mucho tiempo antes de que se le ocurriera una idea para construir un aparato de comunicación secreta. El aparato enviaba mensajes de radio saltando de una frecuencia a otra, por lo que resultaba imposible detectarlo e interceptarlo.

Ella y un amigo patentaron el aparato, pero casi nadie se lo tomó en serio. Ella persistió en su propósito de ayudar y utilizó su fama para recaudar millones de dólares para la guerra.

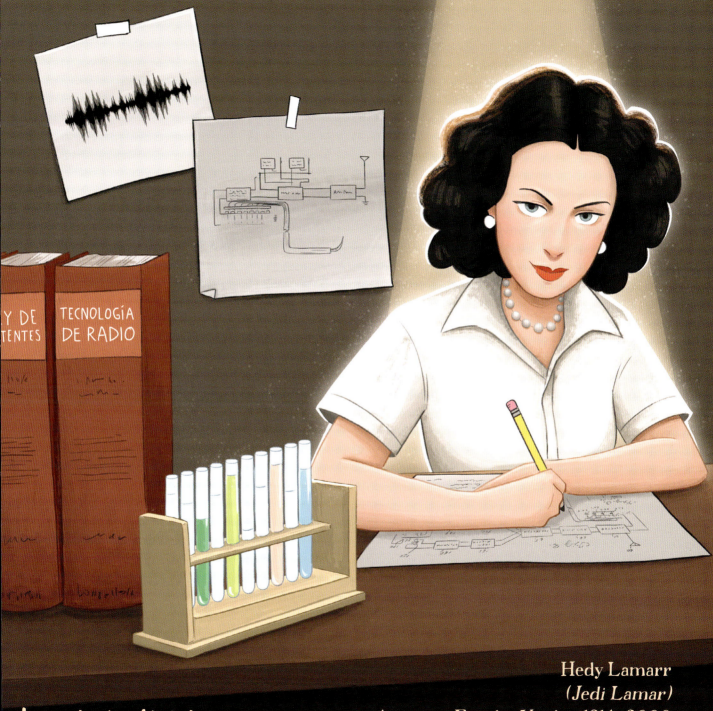

Más adelante, su idea del salto de frecuencia se usó para crear tecnologías como la de los teléfonos celulares, el Wi-Fi, el Bluetooth, el GPS, e incluso para comunicaciones militares. El trabajo de Hedy es especialmente importante ya que usamos estas tecnologías en nuestra vida diaria y para solucionar problemas.

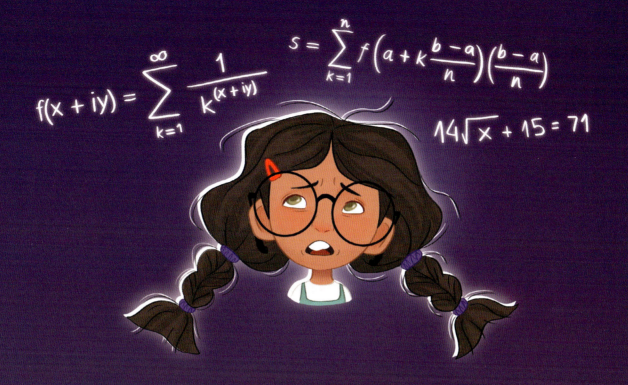

¿Qué otros problemas soluciona la ingeniería?

Problemas como el cambio climático.

Sandra Cauffman ha trabajado en la NASA durante muchos años, ayudando a diseñar, construir y lanzar equipos para estudiar la Tierra, nuestro sol, el sistema solar y el universo. La información que reúne nos ayuda a descubrir cómo funciona el universo e, incluso, a encontrar otros planetas similares a la Tierra. Muchos de sus proyectos también nos ayudan a comprender nuestro planeta y su clima cambiante. De esa manera, seremos capaces de desarrollar tecnologías que nos ayudarán a solucionar problemas a los que nos enfrentaremos en el futuro.

GOES-16
Satélite Geoestacionario
Operacional Ambiental

Si has mirado el pronóstico del tiempo recientemente, con toda probabilidad viene de un satélite en cuyo desarrollo trabajó Sandra. Los satélites monitorean la Tierra y envían información acerca de temperaturas, casquetes de hielo, arrecifes de coral e, incluso, mosquitos. Esos datos se utilizan para pronósticos y alertas de emergencia, que salvan muchas vidas.

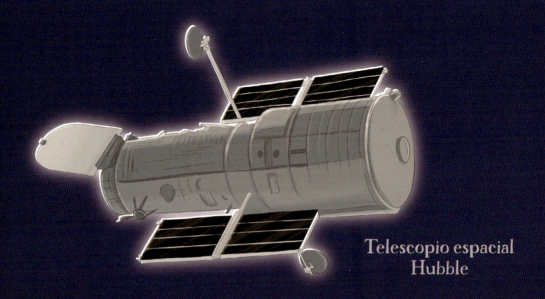

Telescopio espacial Hubble

Sandra también trabajó en la primera misión de servicio del telescopio espacial Hubble y co-dirigió un equipo que envió una nave espacial para estudiar la atmósfera de Marte. Las misiones al espacio son complicadas y llevan años de preparación. Sandra coordina a todos los ingenieros, científicos y especialistas que trabajan juntos para ofrecernos una mirada al espacio exterior.

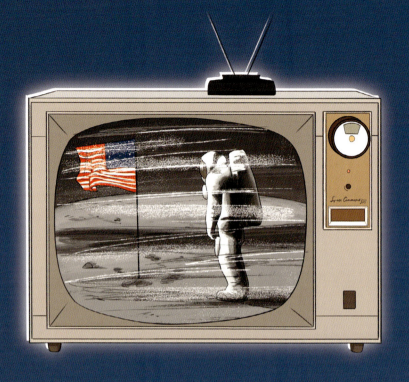

¿De dónde sacan su inspiración los ingenieros?

Los ingenieros sacan su inspiración de las cosas que los rodean. Sandra se inspiró al ver el primer alunizaje cuando tenía siete años.

La Dra. Treena Livingston Arinzeh se inspiró cuando trabajaba en un laboratorio que ayudaba a personas con lesiones. Se hizo ingeniera biomédica, o como ella dice "una ingeniera del cuerpo". En su misión de usar la ingeniería para ayudar a gente enferma o discapacitada, la Dra. Treena ha llevado a cabo varios descubrimientos médicos asombrosos.

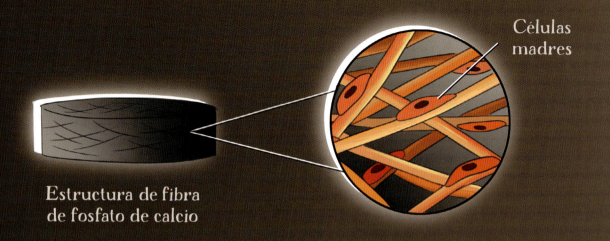

Estructura de fibra de fosfato de calcio

Células madres

Con la esperanza de ayudar a sanar los huesos, la Dra. Treena encontró un modo de trasplantar células madres adultas —células poderosas que aún no tienen un trabajo definido— al cuerpo. Pero para sanar lesiones severas y discapacidades, la Dra. Treena sabía que se necesitaba una estructura que ayudara al crecimiento de las células.

Después de muchos experimentos en su laboratorio, descubrió que, usando un material llamado fosfato de calcio, podía construir una estructura para cultivar células de hueso.

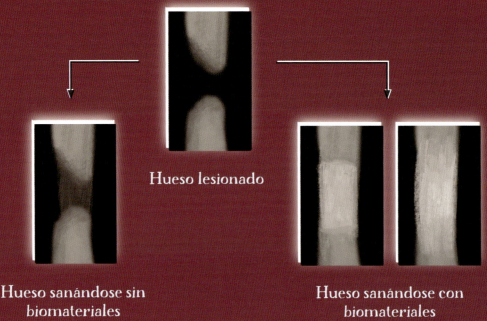

Hueso lesionado

Hueso sanándose sin biomateriales

Hueso sanándose con biomateriales

Estos tipos de estructuras se conocen como biomateriales y se colocan en el cuerpo para ayudarlo a sanarse. Los biomateriales de la Dra. Treena también estimulan el crecimiento de nuevas células, acelerando la sanación del cuerpo.

La Dra. Treena ha recibido muchas distinciones por sus descubrimientos. Su labor con biomateriales podría ayudar a personas paralizadas debido a lesiones en la columna vertebral a volver a caminar.

¡Los ingenieros pueden hacer tantas cosas diferentes! ¿Hay algo que TODOS hagan?

Todos los ingenieros usan el instrumento más poderoso: la imaginación. Se les ocurre una idea y se esfuerzan por hacerla realidad. Cuando se enfrentan a un reto, encuentran soluciones una y otra vez hasta que consiguen lo que se proponen. No es tan diferente de cuando usas tu imaginación para contar un cuento, hacer un dibujo o llevar a cabo un experimento. Cuando piensas creativamente para solucionar un problema, estás usando las habilidades propias de un ingeniero.

Glosario

AERODINÁMICO: Que posee una forma que le permite volar con facilidad.

ALQUIMIA: Versión primitiva de la química que buscaba transformar los metales en oro.

BIOMATERIAL: Algo que se coloca en el cuerpo humano para estimular la sanación de huesos y tejidos.

CÉLULAS MADRE: Células que pueden convertirse en cualquier tipo de célula en el cuerpo.

EXPERIMENTO: Prueba que recoge información sobre el mundo para comprobar si una hipótesis es correcta.

FOSFATO DE CALCIO: Mineral que se encuentra en los huesos y dientes de los humanos.

FRECUENCIA: El número de ondas (como las ondas de radio o las ondas de sonido) que pasan en un segundo.

HIPÓTESIS: Suposición fundamentada que hace una persona para explicar algo que piensa que es verdad o que va a suceder.

INGENIERO: Persona que soluciona problemas diseñando, construyendo y trabajando con máquinas, instrumentos, estructuras y otras tecnologías.

INGENIERO AEROESPACIAL: Persona que diseña, construye y trabaja con naves espaciales, aviones, satélites y misiles.

INGENIERO BIOMÉDICO: Persona que diseña, construye y trabaja con tecnología que busca mejorar la salud.

INGENIERO CIVIL: Persona que diseña, construye y trabaja en proyectos que son útiles a la comunidad, como puentes, caminos y acueductos.

INGENIERO ELÉCTRICO: Persona que diseña, construye y trabaja con equipos y tecnología que involucra la electricidad.

INGENIERO JEFE: Ingeniero que supervisa un proyecto dirigiendo a los obreros, coordinando suministros y dando instrucciones.

INGENIERO MECÁNICO: Persona que diseña, construye y trabaja con toda clase de máquinas, incluyendo carros y robots.

INGENIERO QUÍMICO: Persona que diseña, construye y trabaja con equipos y procesos que tienen que ver con sustancias químicas.

ONDAS DE RADIO: Energía que viaja en forma de ondas y que se usa para enviar y recibir mensajes en forma de señales eléctricas, que después se convierten en información, imágenes y sonido.

PATENTE: Documento que garantiza que una invención solo puede ser fabricada y vendida, durante un cierto número de años, por la persona que la inventó.

PUENTE COLGANTE: Puente sostenido por cables anclados a grandes torres.

SATÉLITE: Objeto que orbita alrededor de un objeto más grande, como un planeta, y está diseñado para recoger información.

TRASPLANTAR: Tomar algo de un lugar y ponerlo en otro lugar.

Ciencia abierta: Las mujeres en la ingeniería
Copyright © 2023 Genius Games, LLC
Original series concept by John J. Coveyou

Written by Mary Wissinger
Illustrated by Danielle Pioli
Translated by Eida de la Vega
Spanish-language editing by Andrea Batista

Published by Science, Naturally!
Spanish paperback first edition • September 2022 • ISBN: 978-1-938492-95-2
Spanish eBook first edition • September 2022 • ISBN: 978-1-938492-98-3

Also available in English:
English hardback first edition • September 2022 • ISBN: 978-1-938492-52-5
English paperback first edition • September 2022 • ISBN: 978-1-938492-53-2
English eBook first edition • September 2022 • ISBN: 978-1-938492-54-9

Enjoy all the titles in the series:
    Women in Biology • Las mujeres en la biología
    Women in Chemistry • Las mujeres en la química
    Women in Physics • Las mujeres en la física
    Women in Engineering • Las mujeres en la ingeniería
    Women in Medicine • Las mujeres en la medicina
    Women in Botany • Las mujeres en la botánica

Teacher's Guide available at the Educational Resources page of ScienceNaturally.com.

Published in the United States by:
    Science, Naturally!
        An imprint of Platypus Media, LLC
    750 First Street NE, Suite 700 • Washington, D.C. 20002
    202-465-4798 • Fax: 202-558-2132
    Info@ScienceNaturally.com • ScienceNaturally.com

Distributed to the trade by:
    National Book Network (North America)
        301-459-3366 • Toll-free: 800-462-6420
        CustomerCare@NBNbooks.com • NBNbooks.com
    NBN international (worldwide)
        NBNi.Cservs@IngramContent.com • Distribution.NBNi.co.uk

Library of Congress Control Number: 2022947425

10 9 8 7 6 5 4 3 2 1

The front cover may be reproduced freely, without modification, for review or non-commercial, educational purposes.

All rights reserved. No part of this publication may be reproduced or transmitted in any form or by any means, electronic or mechanical, including photography, recording, or any information storage and retrieval system, without permission in writing from the publisher. Front cover exempted (see above).

Printed in China.